BEI GRIN MACHT SICH IHR
WISSEN BEZAHLT

- Wir veröffentlichen Ihre Hausarbeit,
  Bachelor- und Masterarbeit

- Ihr eigenes eBook und Buch -
  weltweit in allen wichtigen Shops

- Verdienen Sie an jedem Verkauf

Jetzt bei www.GRIN.com hochladen
und kostenlos publizieren

GRIN

Soziale Arbeit im nationalsozialistischen Herrschaftsregime

Tim Winkelmann

Bibliografische Information der Deutschen Nationalbibliothek:

Die Deutsche Nationalbibliothek verzeichnet diese Publikation in der Deutschen Nationalbibliografie; detaillierte bibliografische Daten sind im Internet über http://dnb.d-nb.de abrufbar.

ISBN: 9783346515018
Dieses Buch ist auch als E-Book erhältlich.

Druck und Bindung: Books on Demand GmbH, Norderstedt Germany
Gedruckt auf säurefreiem Papier aus verantwortungsvollen Quellen

Das vorliegende Werk wurde sorgfältig erarbeitet. Dennoch übernehmen Autoren und Verlag für die Richtigkeit von Angaben, Hinweisen, Links und Ratschlägen sowie eventuelle Druckfehler keine Haftung.

Das Buch bei GRIN: https://www.grin.com/document/1139588

Inhaltsverzeichnis

Soziale Arbeit im nationalsozialistischen Herrschaftsregime

1.Einleitung

Die Jahre 1933-1945 zählen ohne Fragen aus heutiger Sicht zu den düstersten der noch recht jungen deutschen Geschichte und nehmen dementsprechend auch eine Sonderstellung ein (vgl. KUHLMANN 2012, S. 87). Allein das Wort Auschwitz genügt noch heute, um bei Millionen von Menschen Bedauern und Scham auszulösen, die das systematische Vernichten bestimmter Völkergruppen mit sich brachte. Mittlerweile ist die Phase des Nationalsozialismus und der aus deren Herrschaft resultierende Zweite Weltkrieg sowie die von den Nationalsozialisten angeordneten und begangenen Verbrechen an der Menschheit in jedem Geschichtslehrplan der Mittel- und Oberstufen inkludiert.

Für Personen, welche durch Bildungsinstitutionen, Fachliteratur und die Medien über die nationalsozialistischen Verbrechen und Handlungen aufgeklärt wurden, scheint bei oberflächlicher Betrachtung kein Platz für Berufe und Handlungen, welche der Sozialen Arbeit zugeordnet werden können. Dennoch ist unumstritten, dass auch Soziale Arbeit im Dritten Reich stattfand (vgl. WENDT 2020, S. 39f.). Dies wirft die Frage auf, mit welchen Rahmenbedingungen die Beschäftigten der Sozialen Arbeit konfrontiert wurden und wie Soziale Arbeit im nationalsozialistischen Herrschaftsregime praktiziert wurde.

Im Folgenden soll nun, basierend auf vorangegangener Literaturrecherche, dieser Frage nachgegangen werden. Dazu erfolgt zunächst eine Einbettung in den historischen Kontext, anschließend folgt eine Darstellung, wie die Nationalsozialisten die Wohlfahrt in eine Volkspflege umwandelten. Anschließend soll die praktische Arbeit und deren Rahmenbedingungen exemplarisch an den drei Handlungsfeldern der Arbeit mit Menschen mit Behinderung, der frühkindlichen Bildung und dem Handlungsfeld der Kinder- und Jugendarbeit durchleuchtet werden. Zum Schluss soll aufgezeigt werden, wie auch Sozialarbeiter*innen von den Nationalsozialisten zur Flucht gezwungen wurden und wie aus dem Bereich der Sozialen Arbeit Widerstand geleistet wurde.

Anzumerken ist noch, dass im Folgenden Ausdrücke und Phrasen verwendetet werden, welche herablassend und diffamierend sind. Diese spiegeln nicht die Meinung des Autors wieder, sondern sind dem historischen Kontext und der damaligen gängigen oder von den Nationalsozialisten forcierten Ausdrucksweise geschuldet.

2.Historische Hintergründe

Am 3. Oktober 1918 sandte die Regierung des Deutschen Kaiserreiches ein Waffenstillstandsgesuch an den amerikanischen Präsidenten und besiegelten damit das Ende des Deutschen Kaiserreichs (vgl. WUNDERER 2012, S.15f). 25 Tage später verordnete der letzte Kaiser Deutschlands, Wilhelm II, eine Parlamentarisierung des Reichs und dementsprechend auch eine Teildemokratisierung an (vgl. ebd., S.16). Am 9. November 1918 wurde gegen den Willen des Kaisers dessen Abdankung bekannt geben und der Sozialdemokrat Friedrich Ebert verfassungswidrig zum neuen Reichskanzler ernannt; es folgten Ausrufe der Republik von Sozialisten und Sozialdemokraten (vgl. ebd., S.19). Am 19. Januar 1919 wurde schließlich eine Nationalversammlung gewählt, welcher dem neuen politischen System, einer Demokratie, Leben einhauchen sollte, in dem dort eine Verfassung ausgearbeitet werden sollte (vgl. ebd., S.29). Es entstand die Weimarer Republik.

Doch nicht alle Bürger*innen Deutschlands waren dem neuen System wohlgesonnen. Spätestens nach der Unterzeichnung des Versailler Vertrags formten sich besonders aus dem rechten Spektrum Gruppierungen, die neben lautstarken Opponieren auch zu gewaltsamen Systemstürzen bereit waren (vgl. WUNDERER 2012, S.38). So versuchte Adolf Hitler bereits im November 1923 durch einen gewaltsamen Putsch an die Macht zu kommen und eine nationalistische Regierung zu etablieren. Dieser scheiterte jedoch und Hitler wurde zu fünf Jahren Haft verurteilt (vgl. ebd., S:45f).

In der darauffolgenden halben Dekade kann von einer Stabilisierung der Republik gesprochen werden (vgl. WUNDERER 2012, S.46). Diese endete jedoch rasch mit der ersten großen Weltwirtschaftskrise 1929 (vgl. ebd. S.66). Auf der politischen Gestaltungsebene führte dies zu einer erneuten Erstarkung von Stimmen gegen das demokratische System und zum Aufstieg von Hitlers Partei, der NSDAP (vgl. ebd., S.68). Die zweite Wirtschaftskrise im Jahr 1932 verstärkte diese Tendenzen, es kam zudem zu parteipolitischen Straßenschlachten (vgl. ebd., S. 78). Am 30 Januar 1933 wurde Hitler schließlich zum Reichskanzler ernannt (vgl. ebd., S.81).

Auf Ebene der sozialen Berufe begannen in Deutschland nach dem Ersten Weltkrieg die den Jugendbewegungen, wie beispielsweise dem Wandervogel, entstammenden Pädagogen sich zunehmend mit der Neugestaltung des Volksleben zu beschäftigen. Außerdem wurden die als gefährdet eingestuften Jugendgruppen wie die proletarische Jugendbewegung und die „bündische Jugend" von Sozialpädagogen begleitet (vgl. WENDT 2020, S.33f). Das bisher etablierte System der Armenhilfe wurde durch die Wohlfahrt ersetzt, sodass der Beruf der Wohlfahrtspfleger*innen entstand (vgl. ebd. S. 35).

3.Einbettung der Sozialen Arbeit in das NS-Regime

Auch die staatlich propagierten Ideologien des Nationalsozialismus erhielten Einzug in die Soziale Arbeit beziehungsweise die Soziale Arbeit musste sich diesen beugen. Im Folgenden soll nun aufgezeigt werden, wie sich in Deutschland die (private) Wohlfahrt hin zu einer (nationalsozialistischen) Volkswohlfahrt wandelte und wie Soziale Arbeit in unterschiedlichen Handlungsfeldern zur Regierungszeit der NSDAP praktiziert wurde.

3.1 Von der Wohlfahrt zu einer Volkspflege

Nach der selbstpropagierten Machtergreifung der Nationalsozialisten versuchten diese umgehend den Wohlfahrtstaat zu kontrollieren und ihren Ideologien anzupassen. Mit Hilfe des am 24. März 1933 verabschiedeten „Gesetz zur Behebung der Not von Volk und Reich", auch als Ermächtigungsgesetz bekannt, wurde die Legislative auf die Exekutive überschrieben und die Gewaltenteilung faktisch außer Kraft gesetzt (vgl. KINDER/HILGEMANN/HERGET 2017, S. 473). Des Weiteren hatte das am 07. April 1933 erlassenen "Gesetz zur Wiederherstellung des Berufsbeamtentums" zur Folge, dass das nationalsozialistische Regime all jene Beamten entließ, welche ihre Politik offen missbilligten oder deren Ideologie widersprachen, zum Beispiel „nichtarische" Beamten, welche durch linientreue Anhänger des Nationalsozialismus ersetzt wurden (vgl. ebd.). Dadurch gelang eine Ausweitung der Macht auch auf kommunaler Ebene, der dahingehend Bedeutung zugeschrieben werden kann, als das die Städte und Gemeinden die Wohlfahrtspflege finanzierten und als freie Träger auftraten (vgl. AMTHOR 2016. S. 165.). Auch die freien Wohlfahrtsanbieter konnten sich nicht vor dem Zugriff der neuen faschistischen Regierung schützen. So wurden die den sozialdemokratischen und sozialistischen Strömungen nahe Arbeiterwohlfahrt (AWO) bereits 1933 und die jüdische Zentralwohlfahrtsstelle 1939 schlichtweg verboten (vgl. KUHLMANN 2012, S.93). Im Fall der Arbeiterwohlfahrt bedeutete dies, dass ab Mai 1933 alle Geschäftsstellen und Einrichtungen geschlossen und deren Grundbesitze, Konten und Inventare beschlagnahmt wurden (vgl. AWO BUNDESVERBAND E.V. 2020).

Einzig das auf den Gesundheitsbereich beschränkte Deutsche Rote Kreuz sowie die kirchlichen Einrichtungen konnten zunächst ihren Einfluss erhalten (vgl. KUHLMANN 2012, S. 93). Vor allem Einrichtungen aus der protestantischen Glaubensrichtung legten dabei eine kooperative Haltung in Bezug auf nationalsozialistische Ideale an den Tag. Auch die katholische Caritas kooperierte spätestens nach dem 1933 geschlossenen Reichskonkordat, einem Vertrag über das Verhältnis zwischen dem Deutschen Reich und der römisch-katholischen Kirche, ebenfalls im breiten Maße, auch wenn sie sich stets gegen die von den Nationalsozialisten durchgeführten Zwangssterilisationen bei den als unwürdig betrachteten Mitbürger*innen, wie beispielsweise geistig oder mobil Eingeschränkte, positionierten. Beide Einrichtungen und die Nationalsozialisten einigte jedoch die Feindschaft gegenüber sozialistischen Strömungen, die Ablehnung einer parlamentarischen Demokratie sowie die Ansicht, das Erziehung zu Disziplin und Unterordnung führen sollte (vgl. KUHLMANN 2012, S. 93f.). Ablehnung beziehungsweise aktiver Widerstand wurde ebenfalls vereinzelt praktiziert, darauf soll später noch einmal separat eingegangen werden.

Trotz ständiger Polemisierung der Wohlfahrtspflege durch die NSDAP und ihrer Mitglieder wurde am 3. Mai 1933 der Berliner Verein „Nationalsozialistische Volkswohlfahrt" (NSV) als Parteiorganisation der NSDAP anerkannt (vgl. KUHLMANN 2012, S. 93). Diese wurde landesweit ausgebaut und war als Parteiorganisation eine staatliche Organisation, fungierte gleichzeitig jedoch als freier Träger, was der NSV gegenüber den noch verbliebenen freien Wohlfahrtsstellen einen erheblichen Vorteil erbrachte (vgl. ebd.). Ziel war es, die Diversität in der Wohlfahrtspflege zu unterbinden und mit der NSV eine Monopolstellung zu erreichen, so dass die Nationalsozialisten ebenfalls auf diesem Gebiet die Führung übernehmen und damit auch die Wohlfahrt ihren Ideologien unterordnen konnten (vgl. WENDT 2017, S. 174).

Dies führte dazu, dass der Paritätische Wohlfahrtsverband im Sinne der „Gleichschaltung" bereits im Oktober 1933 der NSV beitrat und die „Deutsche Liga der freien Wohlfahrtspflege" nach Ausschluss der jüdischen Zentralwohlfahrtstelle schlichtweg zur „Reichsarbeitsgemeinschaft der freien Wohlfahrtspflege" umbenannt und umstrukturiert wurde. Zudem wurde sie Erich Hilgenfeldt, der gleichzeitig auch das Amt des Reichswalters der NSV innehatte, unterstellt, so dass von einer nationalsozialistischen Kontrolle der Wohlfahrt gesprochen werden kann (vgl. ebd.). Auf formeller Ebene war die NSV dem „Amt für Volkswohlfahrt", welches ab 1934 den Namen „Hauptamt für Volkswohlfahrt" trug, unterstellt und wurde durch aktive Anwerbung von Mitglieder nach der „Deutschen Arbeiterfront" zur zweitgrößten Organisation im nationalsozialistischen Herrschaftsregime (vgl. ebd. S. 175). So zählte die NSV als größter Wohlfahrtskomplex des Dritten Reichs im Jahr 1943 insgesamt mehr als 16 Millionen Mitglieder. Außerdem waren für die NSV bis 122.280 Personen hauptamtliche und mehr als eine Millionen Menschen ehrenamtlich tätig (vgl. AMTHOR 2016, S.165),

Hauptsächlich konzentrierte sich die NSV auf familienunterstützende und präventive Hilfen. Als ihr Klientel wurden allerdings nur „Erbgesunde", also laut nationalsozialistischer Ideologie lediglich alle deutschen, reinrassigen, nicht jüdischen und arischen Mitbürger*innen ohne Einschränkungen in physischer oder psychischer Versehrtheit, betrachtet (vgl. KUHLMANN 2012, S.94). So begann die NSV zum Winteranfang 1933 damit das „Winterhilfswerk" zu organisieren. Ziel war es Spenden zu generieren, welche später vor allem an Arbeitslose weitergeleitet wurden (vgl. WENDT 2017, S. 175). Zwar war das Winterhilfswerk faktisch eine vom Staat organisierte Spendenkampagne, da die Durchführung Hilgenfeldt oblag und die Finanzaufsicht dem Reichsschatzmeister der NSDAP unterstellt war, dennoch wurde es als Einrichtung des deutschen Volkes propagiert (vgl. GÖTZ 2001, S.390f.). Rückblickend lässt sich das Winterhilfswerk als großen propagandistischen Erfolg für die Nationalsozialisten werten. So wurde einerseits auf sozialpolitischer Ebene eine Entlastung des Staatshaushaltes herbeigeführt, da Sozialausgaben auf die Spender abgewälzt wurden, andererseits gelang den Nationalsozialisten auch hier erneut ein ideologischer Zugriff auf weite gesellschaftliche Bereiche unter dem Deckmantel von vermeintlichen sozialmoralischen Verpflichtungen und stärkte dabei gleichzeitig das Ansehen und die Monopolstellung der NSV (vgl. ebd., S.391). Ebenfalls zu einer Bekräftigung der Monopolstellung führte das Verbot für eigene Sammlungen von kirchlichen Organisationen (vgl. KUHLMANN 2012, S.94).

Zusätzlich wurde 1934 das „Hilfswerk Mutter und Kind" von der NSV organisiert, welche ganz im Sinne der NS-Ideologie kinderreiche (arischen) Familie neben Wohnungshilfen auch Kinderbetreuung und medizinische Versorgung anbot (vgl. WENDT 2017, S.175). Zudem organisierte die NSV das Tuberkulosehilfswerk, welches an Tuberkulose erkrankten deutschen Mitbürger*innen Hilfen anbot, ein Ernährungshilfswerk, dessen Ziel es war Lebensmittelabfälle aus Haushalten und Wirtschaft einzusammeln und der Schweinemast zur Verfügung zu stellen, so dass diese wieder in den Ernährungskreislauf zurückgeführt werden konnten und genug Fleisch auf dem Markt war, um eine für (künftige) Soldaten angemessene Ernährung herbeizuführen. Des Weiteren wurde ein Künstlerhilfswerk für Künstler*innen, die sich staatstreuer Kunst widmeten, organisiert (vgl. AMTHOR 2016, S. 166).

3.2 Die Einbettung der Nationalsozialistischen Ideologie in die Soziale Arbeit

Wie bereits angedeutet hielten die rassistischen und nationalsozialistischen Ideologien spätestens nach der Etablierung der Herrschaft der NSDAP auch Einzug in die Soziale Arbeit. Dies kann vor allem auf zwei Gründe zurückgeführt werden: Einmal, dass sich führende Vertreter von Lehre und Forschung zu sozialrassistischen Theorien bekannten und diese anwendeten und zweitens, dass Bildungsministerium selbst aktiv in die Lehrpläne der Universitäten und Wohlfahrtstellen eingriff.

Deutlich wird der Einfluss sozialrassistischen Gedankenguts in den sozialpädagogischen Diskurs am Beispiel der Verwahrlosung. Allerdings ist hierbei festzustellen, dass die Ursachen von Verwahrlosung im theoretischen Diskurs schon vor 1933 eine Verschiebung erfuhr. So wurden die zuvor als Ursache geltenden geistigen Fähigkeiten bald als weniger wichtig anerkannt als die aus der Interpretation Darwins entstammende Idee, es seien biologische Faktoren, sprich Erbanalgen, dafür verantwortlich (vgl. KUHLMANN 2012, S. 92). Herman Nohl, der als einer der Begründer der Sozialpädagogik gilt und dessen Theorien und Werke heute noch gelehrt werden, deutete diese Implementierung in seine Theorien an. So prangerte er in seiner Vorlesung im Wintersemester 1933/1934 an, dass bei Erziehungsfragen und sonstigen Tätigkeiten der Sozialen Arbeit die erblichen Faktoren vernachlässigt werden. Erschwerend kommt noch hinzu, dass Nohl begann, die zuvor propagierte und dozierte „Pädagogik vom Kinde aus" zu einer „Pädagogik vom Staate aus" uminterpretierte (vgl. ebd.).

Neben Nohl befürworteten auch weitere Schüler*innen des Frankfurter Professors für Fürsorgewesen und Sozialpädagogik Christian Jasper Klumker die propagierte Volkspflege und implementierten sie in ihre Arbeit. Hans Scherpner und Heinrich Webler beispielsweise befürworteten öffentlich die Jugendhilfe der NSV und wurden sogar als deren Vertreter gelistet, wiederum andere beschäftigten sich mit dem sozialverträglichen Ausbau des Siedlungslandes im Osten (vgl. KUHLMANN 2012, S. 92).

Des Weiteren begannen die Nationalsozialisten damit, aktiv in die Ausbildung sozialer Berufe einzugreifen. Deutlich wird dies am Beispiel der sozialen Frauenschulen, die zuvor die Fürsorgerinnen und fortan die späteren Volkspflegerinnen ausbildeten. Auf Erlass des Bildungsministeriums hin wurden sie zu Beginn des Jahres 1934 in „Nationalsozialistische Frauenschule für Volkspflege" umgetauft (vgl. WENDT 2017, S. 176). Dadurch entstand eine Volkspflege, welche sich auf der nationalsozialistischen Weltanschauung und Lebenseinstellung stützte. Der Lehrplan war in sechs Teile gegeliedert, wobei die letzten fünf dem Oberbegriff der Nationalsozialistischen Volkspflege zugeordnet werden können (vgl. ebd. S.177). Der erste Teil der Lernziele kann als nationalsozialistische Gemeinschaftskunde beschrieben werden und beinhaltet neben Rassenkunde beispielsweise einen Lernblock über den Führer Adolf Hitler und die Geschichte seiner Partei (vgl. ebd.).

Der zweite Teil und damit der erste über die Volkspflege befasste sich mit dem Thema der Gesundheitspflege (vgl. WENDT 2017, S.177). Auch hierbei war die Lehre dem nationalsozialistischen Idealen untergeordnet, denn die Erbgesundheitslehre wurde als elementarer Bereich aufgefasst. Der nächste Themenblock war die Haushaltspflege, hier wurde den zukünftigen Volkspflegerinnen unter anderem die Nationalsozialistische Haushaltsführung nähergebracht (vgl. ebd.). Als viertes Themenfeld stand die Familienpflege auf dem vorgegebenen Lehrplan. Dort wurde neben Erziehungsfragen auch das Jugendwohlfahrtsgesetz behandelt (vgl. ebd.). Als vorletztes Thema wurde schließlich die Volksgemeinschaftspflege unterrichtet. Dabei wurde beispielsweise Inhalte über volkstümliche Gemeinschaftsfeiern doziert (vgl. ebd.). Abgeschlossen wurde das Curriculum der Volkspflegerinnen mit einem Lehrblock zum Thema Einrichtungen der deutschen Wohlfahrtspflege (vgl. ebd.).

4. Umsetzung der Sozialen Arbeit in ausgewählten Handlungsfeldern

Die Kontrolle der nationalsozialistischen Regierung über die Wohlfahrt spiegelt sich auch in dem Handeln der Sozialarbeiter*innen wieder. Dies soll nun an ausgewählten Handlungsfeldern der Sozialen Arbeit verdeutlicht werden.

4.1 Umgang mit psychisch Erkrankten oder Menschen mit Behinderung

Menschen, die unter einer psychischen Krankheit litten oder jene, welche eine Behinderung aufwiesen, galten in im Nationalsozialismus als Ballastexistenzen (vgl. KUHLMANN 2012. S. 96). Gemäß der von den Nationalsozialisten propagierten Rassenlehre galten sie als minderwertig oder erbkrank und waren somit nicht fähig, der Fortpflanzungen einer arischen Herrenrasse beizutragen (vgl. BRAß 2004, S.35). Dies spiegelte sich auch in der Sozial-, Gesundheits- und Fürsorgepolitik der Nationalsozialisten wieder. So begann die Legislative damit, eine Vielzahl an sozialrassistischen und auf den Vorstellungen einer notwendigen Rassenhygiene basierende Gesetze zu verabschieden (vgl. LEHNERT 2010, S. 85). Das bereits am 14. Juli 1933 in Kraft getretene „Gesetzt zur Verhütung erbkranken Nachwuchses" führte dazu, dass in Deutschland bis zum Jahr 1945 mehrere hunderttausend Menschen sich einer Zwangssterilisation unterziehen lassen mussten (vgl. BRAß 2004, S.35). Weit über die Hälfte davon wurde an Personen vorgenommen, die als ‚schwachsinnig' klassifiziert wurden, aber auch Menschen, die ihr Augenlicht verloren hatten oder gehörlos waren, zählten zur Anwendungsgruppe dieses Gesetztes (vgl. KUHLMANN 2012, S. 96).

Doch dies schien den nationalsozialistischen Rassenhygienikern nicht weit genug zu gehen. So erstellte Adolf Hitler persönlich ein Schreiben, welches auf den 1. September 1939 datiert ist, dass die systematische Tötung von Anstaltsinsassen, die (vermeintlich) unter einer geistigen Behinderung litten, anordnete (vgl. BRAß 2004, S. 190). 250 000 Menschen wurden draufhin ab 1940 von den Nationalsozialisten getötet (vgl. KUHLMANN 2012, S.96). Zu den Opfern zählten Männer, Frauen und Jugendliche, die an einer (vermeintlichen) psychischen Störung erkrankt waren, aber auch jene mit körperlichen Beeinträchtigungen, Fehlbildungen oder Entwicklungsstörung (vgl. BRAß 2004, S. 109). Entgegen dem von den Nationalsozialisten verwendeten Begriff der Euthanasie (zu Deutsch Gnadentot) ging es dabei jedoch nicht um die Erlösung von totkranken Menschen mit deren Einverständnis, sondern vielmehr um eine bürokratische Tötungsaktion, der ökonomisches und sozialrassistisches Nutzendenken zu Grunde lagen (vgl. ebd.).

Die Fürsorgerinnen hatten dabei die Möglichkeit und den Handlungsspielraum sich aktiv an der Kategorie „Minderwertig" zu beteiligen (vgl. LEHNERT 2010, S. 87). Dies zeigt sich an dem Beispiel, dass die Fürsorgerinnen ihrem Klientel lediglich die „soziale Lebensbewältigung" negativ bescheiden mussten, was wiederum ausreichend dafür war, diesen Menschen angeborenen Schwachsinn zu attestieren (vgl. ebd. S.86). Dies wiederum konnte zu einer Einweisung in Anstalten führen und machte diese Menschen zur Zielgruppe der oben erwähnten Gesetze.

4.2 Die frühkindliche Bildung und Erziehung

Auch die Kindergärten blieben von der Gleichschaltungspolitik der Nationalsozialisten nicht verschont. Eine vollständige und zügige Gleichschaltung gelang den Nationalsozialisten jedoch nicht, da die Trägerstruktur zu komplex und vielseitig war. Dennoch wurden die Kindergärten der verbotenen Arbeiterwohlfahrt sowie die des Paritätischen Wohlverbandes und die des Deutschen Fröbel Verbandes, ein Zusammenschluss der Trägervereine von Fröbel-Kindergärten, zügig unter die Trägerschaft des NSVs gestellt (vgl. KONRAD 2004, S. 159). Diakonissen und Ordensschwestern, welche für kommunale Kindergärten oder jene in Trägerschaft des Deutschen Roten Kreuzes tätig waren, wurden zudem durch Personal der NSV ersetzt. Stadtverwaltungen wurden schon im August 1933 angewiesen, Zuschüssen nur in Ausnahmefällen an Kindergärten auszuzahlen, welche sich nicht in Trägerschaft der NSV befanden. Alternative Kindergärten wie die Montessori- oder Waldorfkindergärten wurde ab 1933 zwangsgeschlossen (vgl. ebd. S. 172).

Auf größeren Widerstand im frühkindlichen Bildungsbereich traf das NS-Regime bei den konfessionellen Trägern (vgl. KONRAD 2004, S. 159). Obwohl vor allem evangelische Kleinkindpädagog*innen deutliche Zugeständnisse an die NS-Pädagogik machten und diese teilweise implementierten, wurde dennoch eine Übernahme der evangelischen Kindergärten angestrebt (vgl. ebd., S. 159f.). Dies äußerte sich vor allem darin, dass die Landesjugendämter ab 1934/1935 die Anweisungen erhielten, die Kindergärten in Trägerschaft der evangelischen Kirche oder deren Vereine in eine NSV-Trägerschaft zu überführen, wenn gleich dies nach außen als freiwillige Übergabe propagiert werden sollte (vgl. ebd. S. 160). Die Übernahme der katholischen Kindergärten gestaltete sich indes schwieriger, wohl auch aufgrund einiger Artikel im Reichskonkordat, dem Vertrag zwischen dem Vatikan und dem nationalsozialistischen Deutschland (vgl. ebd.). Trotzdem wurde im November 1939 vom Hauptamt für Volkswohlfahrt eine Übernahme aller konfessionellen Kindergärten durch die NSV angeordnet, obgleich diese in der Realität unterschiedlich vehement umgesetzt worden ist. So gab es beispielsweise in Koblenz bis zum Ende der nationalsozialistischen Herrschaft noch Kindergärten, die sich in katholischer Trägerschaft befanden (vgl. ebd., S. 162).

Neben der Übernahme von Kindergärten begann die NSV auch selbst solche zu gründen, die meisten davon entstanden in ruralen Gebieten (vgl. ADEN-GROSSMANN 2011, S. 79). Neben der bekannten Form des Kindergartens führt die NSV auch eine neue Form ein, die sogenannten „Erntekindergarten". Diese waren temporär eingerichtete Kindergärten, welche lediglich zur Erntezeit öffneten, mit dem Ziel den Bäuerinnen die Sorge um ihre Kinder abzunehmen, damit diese ihre Arbeitskraft auf den Feldern einsetzten konnten und somit die Versorgung Deutschlands sichergestellt werden konnte (vgl. ebd.).

Auch auf erzieherischer Basis sind Änderungen nach der Machtübernahme der Nationalsozialisten identifizierbar. Zunächst einmal ist eine Veränderung des Erziehungsgedanken herauszustellen: Durch die organisatorische Zuteilung des Kindergartens zur „völkischen Gesundheitsfürsorge" ist Erziehung unter dem NS-Regime viel mehr die Maßnahme, welche den staatlichen Machtapparat aufrechterhält, indem es dessen Ideale lebt. Fassbar wird dies an der Verschiebung weg von den Kindern, hin zu einer Förderung der als arisch betrachteten Anlagen (vgl. BAMLER/SCHÖNBERGER/WUSTMANN 2010, S. 35).

In den Kindergärten wurde stark geschlechtsspezifisch gearbeitet. Jungen erfuhren eine Erziehung, die darauf ausgerichtet war, später einmal als perfekte deutsche Soldaten zu agieren (vgl. KONRAD 2004, S.168f.). Mädchen hingegen sollten in der Rolle einer liebevollen deutschen Mutter bestärkt werden. Dies manifestierte sich darin, dass die männlichen Besucher der Kindergärten vor allem durch Kampf- und Wettspiele an körperlicher Leistungsfähigkeit und Härte dazugewinnen sowie durch Mutproben zu einem furchtlosen und mutigen Charakter erzogen werden sollten. Die weiblichen Besucherinnen hingegen wurden früh an der Haus- und Gartenarbeit beteiligt und sollten Fürsorge im Puppenspiel erlernen, um später die von den Nationalsozialisten propagierte Frauenrolle perfekt ausfüllen zu können (vgl. ebd.). Neben dem (möglichst) täglichen Gelöbnis auf den Führer Adolf Hitler (vgl. ebd. S 170) war beiden Geschlechtern die Erziehung zum Rassenhass gemein. Mit sich wiederholenden Sprüchen, die die Anhänger der jüdischen Glaubensgemeinschaft, Asiaten und People of Color abwerteten, sowie unterstützt durch diffamierende Kinderbücher, versuchten die Nationalsozialisten somit bereits bei den Kindergartenkinder den Rassenhass zu indoktrinieren (vgl. ebd., S. 169).

4.3 Jugendpflege und -fürsorge im Dritten Reich

Die Jugendpflege wurde im NS-Regime hauptsächlich in Form der Hitlerjugend (HJ) beziehungsweise des dazugehörenden Mädchenverbandes Bund deutscher Mädel (BDM) angeboten und durchgeführt. Die HJ ging 1926 aus diversen Jugendorganisationen der NSDAP hervor und begann erst ab 1933 zahlenmäßig an Bedeutung zu gewinnen, nachdem im Sinne der Gleichschaltung linke Bewegungen verboten und die Mehrheit der anderen Jugendverbände zwangsweise in HJ eingegliedert wurde (vgl. KUHLMANN 2012, S.98). Deren gesellschaftlicher Stellenwert wurde im Jahr 1936 nochmals verstärkt, als am 21. Dezember das Hitlerjugend-Gesetz erlassen und diese damit zur Staatsjugend erklärt wurde (vgl. KUHLMANN 2012, S. 98). Im Zuge dessen war die Mitgliedschaft fortan verpflichtend, die Hitlerjugend erhielt eine Gleichstellung mit den Bildungsinstanzen Familie und Schule (vgl. AMTHOR 2016, S. 166). Gleichzeitig unterstütze diese Monopolstellung den Totalitätsanspruch der Nationalsozialisten und ebnete die Durchsetzung der Forderung einer einheitlichen Jugend (vgl. KOLLMEIER 2007, S. 46).

Auf organisatorischer Ebene war die HJ und dessen Unterverband der BdM in vier Formationen unterteilt, deren Mitglieder sich in Alter und Geschlecht unterschieden: Die zehn- bis vierzehnjährigen Mädchen bildeten die „Jungmädel", die gleichaltrigen Jungs gehörten dem „Deutschen Jungvolk der Hitlerjugend" an. Die vierzehn- bis achtzehnjährigen weibliche Jugendliche bildeten den „Bund Deutscher Mädel", ihr männliches Pendant war die „Hitlerjugend" (vgl. KOLLMEIER 2007, S.47). Zusätzlich wurde im Jahr 1938 das BDM-Werk namens „Glaube und Schönheit" etabliert, welches unverheiratete Frauen im Alter von 18 bis 21 auf ihr zukünftiges Leben als Hausfrau und Mutter vorbereiten sollte (vgl. AMTHOR 2016, S. 167). Jede der Unterorganisationen unterlag dabei einem strikt auf Hierarchien beruhendem Aufbau (vgl. KOLLMEIER 2007, S.47), Uniformen zu tragen, war verpflichtend (vgl. AMTHOR 2016, S. 166).

Die HJ übernahm viele Formen und Prinzipien aus den Jugendbewegungen (vgl. KUHLMANN 2012, S. 98). Deshalb fanden Zeltlager, Singabende am Lagerfeuer etc. sowie das Prinzip „Jugend führt Jugend" Anklang in der HJ (KUHLMANN 2012, S. 98). Aufgrund der Eingliederung in den Staatsapparat sowie der Übernahme von nationalsozialistischen Idealen waren die Merkmale der früheren Jugendbewegung wie Autonomie, Freiwilligkeit und Pluralität in der HJ nicht mehr existent. Des Weiteren war die HJ vor allem als Propagandaorgan der Nationalsozialisten erfolgreich. So wurde in der HJ vor allem nationalsozialistische Inhalte behandelt: Rassenhygiene, Deindividualisierung sowie die Überlegenheit der arischen Rasse und die Diffamierung der aus Sicht der Nationalsozialisten minderwertigen Menschen. Zudem sollte ein positiv behaftetes Bewusstsein für Heimatliebe, Kameradschaft, Volksgemeinschaft und Vaterland geschaffen werden (vgl. ebd., S.99). Außerdem übernahm die HJ ebenfalls soziale Aufgaben. So wurden Berufsberatungen, Jugendvertretungen in den Betrieben und Kontrollen zum Jugendschutz von Mitglieder, mehrheitlich davon jedoch Jungen, geplant und durchgeführt (vgl. ebd., S. 98).

Die Jugendfürsorge blieb hingegen meist in der Hand von konfessionellen Anstalten (vgl. KUHLMANN 2012, S. 100). Dennoch fand die Rassenhygiene auch in diesem Bereich der Sozialen Arbeit Anklang. So wurden Jugendlichen Verwahrlosung zugesprochen, welche auf erbliche Minderwertigkeit zurückzuführen sei. Dementsprechend war aus Sicht der dort Arbeitenden und der Nationalsozialisten eine Reinigung der Jugendfürsorge beispielsweise unter Durchführung von Zwangssterilisationen nötig, um eine erfolgversprechende volksaufbauende Erziehung leisten zu können (vgl. ebd.). Um dies erreichen zu können, wurden von den Landesjugendämter sogenannte Beobachtungsheime installiert, in denen psychiatrisch Geschulte durch Beobachtung Erbgesunde von Minderwertigen trennen sollten. Für die erbgesunde Waisen errichte die NSV Jugendheimstätten, in denen sie im familienähnlichen Setting und unter Leitung ehemaliger HJ und BDM- Mitglieder lebten und erzogen wurden (vgl. ebd.)

5. Verfolgung und Widerstand von Sozialarbeiter*innen im NS-Regime

Obwohl das Fürsorgesystem gänzlich von den Nationalsozialisten kontrolliert und das Handeln in diesem System auf nationalsozialistischen Idealen basierte, gelang es doch einigen Sozialarbeiter*innen, Widerstand zu leisten. Andere Sozialarbeiter*innen wurden aufgrund ihrer politischen Überzeugung, Herkunft oder ihres Glaubens von der Arbeit ausgeschlossen und in nicht wenigen Fällen verfolgt. Beides soll nun genauer beleuchtet werden.

5.1 Verfolgung von Sozialarbeiter*innen

Die rassistischen Verfolgungen, welche von den Nationalsozialisten angeordnet wurden, machten logischerweise auch vor den Sozialarbeiter*innen nicht halt, insbesondere dann, wenn sie sich als Juden identifizierten oder jüdische Wurzel aufwiesen. Als trauriges Beispiel wäre hier Alice Salomon zu nennen. Zum Ende der Weimarer Republik zählte Salomon zu den bekanntesten Personen der Sozialen Arbeit und erhielt auf ministerialer Ebene Auszeichnungen für ihre Werke und ihr Schaffen. Außerdem wurde ihr die Ehre zugeteilt, als Namensstifterin für die Soziale Frauenschule zu fungieren (vgl. AMTHOR 2016, S. 183). Nichtsdestotrotz wurde sie von den Nationalsozialisten aus ihrer Stellung enthoben und unter Androhung von Schulungslagern zur Flucht in die USA gezwungen. Denn obwohl sie im Jahr 1914 zum evangelischen Glauben konvertierte, wurde sie von den Nationalsozialisten immer noch als „Jüdin" klassifiziert und war aus dem Blickwinkel des faschistischen und antisemitischen Herrschaftssystems unwürdig weiterzuarbeiten (vgl. ebd., S. 182f.). Dieses Schicksal ereilte noch viele weitere Sozialarbeiter*innen, die den jüdischen Glauben praktizierten oder in deren Familien jüdische Glaubensanhänger*innen vermutet wurden, die die größte Fluchtgruppe bildeten. Zu nennen wären hier exemplarisch die Geschäftsführerin des Jüdischen Frauenbundes Hannah Karminski, die erste weibliche Magistratin in Preußen Clara Israel, sowie der spätere Professor an der School of Social Work in Boston Louis Lowy (vgl. ebd., S. 184).

Doch nicht nur jüdische Sozialarbeiter*innen litten unter den Folgen der nationalsozialistischen Herrschaft. So wurde beispielsweise die Frauenbewegung zerschlagen, stand die Berufstätigkeit von Frauen doch konträr zu den Mutterschaftsidealen der von den Nationalsozialisten durchgeführten Familienpolitik und entsprach deren Verständnis von Fürsorge in keiner Form der, der Nationalsozialisten. (vgl. AMTHOR 2016, S. 185). Außerdem werden vor allem Personengruppen der Sozialen Arbeit zerschlagen, welche eher dem politisch linken Spektrum zugeordnet werden konnten. Doch wurden nicht nur bekennenden Kommunist*innen und Sozialdemokrat*innen aus ihren sozialarbeiterischen Ämtern gedrängt, sondern auch eine Überprüfung aller Schüler*innen angeordnet, die auf der Wohlfahrtspflegeschule der fortan verbotenen AWO ihre Ausbildung genossen (vgl. ebd.). Exemplarisch für die aufgrund ihrer politischen Einstellungen vertriebenen Sozialarbeiter*innen können an dieser Stelle die Mitbegründerin der AWO Hedwig Wachenheim und der ehemaligen Jugendamtsleiter der Prenzlauer Bergs sowie Dozent für männliche Wohlfahrtspflege der AWO Walter Friedländer genannt werden (vgl. ebd., S. 184).

5.2 Widerstand von Sozialarbeiter*innen

Obwohl aus quantitativer Sicht nur von einem zahlenmäßig geringen Teil der im sozialen Bereich tätigen Menschen aktiv Widerstand geleistet wurde, so lassen sich dennoch unterschiedliche Formen und Motive für den Widerstand gegen das nationalsozialistische Herrschaftssystem feststellen (vgl. AMTHOR 2016, S. 187). Martin Biebricher konstatiert, dass es keinen konzentrierten und strukturierten Widerstand aus der Sozialen Arbeit heraus geben konnte, da die Protagonist*innen keine homogenen Motivationen und Widerstandsformen aufzeigen konnten (vgl. 2017 ,S. 116). Als Widerstand werden hierbei alle Handlungen gewertet, die entweder als bewusstes Handeln gegen das Herrschaftsregime eingestuft werden können oder das Einnehmen einer oppositionellen Haltung sowie die Verweigerung und damit einhergehende Abwehr des nationalsozialistischen Herrschaftsanspruchs beinhalten (vgl. MAIERHOF 2017, S. 139).

Als Beispiel für Widerstandshandeln aus einer sozialdemokratischen Perspektive heraus kann das Handeln des bereits erwähnten Walter Friedländer gezählt werden. Als bekennender Sozialdemokrat und Mitglied der Arbeiterwohlfahrt wurde er von den Nationalsozialisten aus seinem Amt der Jugendamtsleitung durch Schikane gedrängt und durch Androhung einer Verhaftung zur Flucht ins Exil gezwungen. Neben Publikationen in sozialdemokratischen Tageszeitungen ist sein Widerstandshandeln vor allem durch die Unterstützung von ebenfalls deutschen Geflüchteten gekennzeichnet (vgl. BIEBRICHER 2017, S. 106f.). So gründete er in Paris beispielsweise die „Arbeiter-Wohlfahrt Paris" und engagierte sich auch in Chicago weiterhin für Geflüchtete. Außerdem war er Mitglied der „Deutschen Volksfront gegen Hitler" (vgl. ebd.).

Für den Widerstand von linkssozialistischen und kommunistischen Sozialarbeiter*innen dient Henry Jacoby als Beispiel. Jacoby arbeitete bis zu seiner Entlassung aufgrund seiner politischen Einstellung im Strafvollzug (vgl. STEINACKER 2017, S, 124f.). Seine Widerstandshandlungen charakterisieren sich durch den Beitritt in die Widerstandsgruppe „Funke" (vgl. ebd., S. 128). Diese versuchte einen Umsturz des Systems herbeizuführen, indem sie Streiks in Großunternehmen organisieren und vernetzen wollten, um so das nationalsozialistische Regime stürzen zu können. Gleichzeitig publizierten sie illegale Schriften, die die Arbeiter*innen über ihre Ideen und Vorhaben in Kenntnis setzen sollten.

Obwohl die Bekenner*innen des jüdischen Glaubens und deren Angehörigen unter Diffamierung und Verfolgung durch die antisemitische Politik und Propaganda der Nationalsozialisten litten, leisteten jüdische Sozialarbeiter*innen ebenfalls Widerstand. Als Beispiele dienen hier die Taten von Käthe Rosenheim und Recha Freier. Rosenheim leitete ab 1934 die Abteilung Kinderauswanderung, der zu diesem Zeitpunkt noch bestehenden Zentralwohlfahrtsstelle der deutschen Juden (vgl. MAIERHOF 2017, S. 142). Dadurch konnte sie 7200 Kinder die Flucht aus dem nationalsozialistischen Deutschland nach Amerika oder ins europäische Ausland verhelfen. Freier gründete die Jugend-Alija, welche Jugendlichen die Pionierarbeit näherbrachte und ihnen zur Flucht nach Palästina verhalf (vgl. ebd.). So konnte zwischen 1933 und 1941 rund 12.000 Kinder und Jugendlichen zur Flucht geholfen werden. Dabei griffen beide Sozialarbeiterinnen auch auf illegale Methoden zurück, Freier beispielsweise stahl für die Ausreise benötigte Bescheinigungen (vgl. ebd.).

Auch aus der bürgerlichen Frauenbewegung lassen sich Widerstandshandlungen feststellen. Hilde Wulff, Absolventin unter Alice Salomon, leistete beispielsweise Widerstand, indem sie trotz Auflösung ihres Vereins zur Hilfe von Kindern mit Behinderungen, weiterhin Heime und Vereine für diese gründete und diese teilweise aus eigenem Vermögen finanzierte, um die Kinder und Jugendliche vor den rassenhygienischen Maßnahmen der Nationalsozialisten zu schützen (vgl. TOPPE 2017, S. 164). Außerdem gewährte sie Verfolgten Unterschlupf (vgl. ebd.). Ein weiteres Beispiel ist Marie Baum, ehemaliges Mitglied im Vorstand des Bundes Deutscher Frauenvereine. Sie organisierte Aufenthaltsbürgschaften und Devisen sowie Visa für Menschen, die eine Flucht aus Deutschland planten (vgl. ebd. S. 166f).

Auch wenn es zahlenmäßig nur sehr wenige waren, so können auch Widerstände von Sozialarbeiter*innen mit konfessioneller Motivation aufgezählt werden. Veranschaulicht werden kann dies am Beispiel der Heidelberger Gruppe um Herman Maas, welche eine Vielzahl von Handlungsinitiativen aufwies: So wurde einerseits für zunächst nur Christ*innen mit jüdischen Wurzeln, später dann für alle Jüd*innen Hilfen zur Emigration angeboten. Andererseits gab es Unterstüzungsangebote für die von Deportation betroffenen und deren Hinterbliebenen (vgl. BENDER-JUNKER 2017, S. 191).

Anzumerken ist aber auch, dass ein Protest gegen den Ausschluss von ehemaligem Kolleg*innen aufgrund deren Glaubens, deren Herkunft oder deren politischen Gesinnung von vielen Sozialarbeiter*innen ausblieb. Vielmehr wurden die freiwerdenden Stellen als Chance betrachtet, die eigene Karriere zu steigern (vgl. KUHLMANN 2017, S.43).

6. Resümee

Zusammenfassend kann somit festgehalten werden, dass Soziale Arbeit im Dritten Reich weiterhin praktiziert wurde, allerdings in einer Form, die dem nationalsozialistischen Herrschaftsregime zusagte und von diesem bestimmt wurde.

Vor allem durch die Kontrolle über die freien Wohlfahrtsträger war es den Nationalsozialisten möglich, die Soziale Arbeit nach ihren Idealen zu bestimmen. So wurden jene Wohlfahrtsträger verboten, deren Grundideen und Zielsetzungen konträr zu denen der Nationalsozialisten standen, andere wurden fortan nationalsozialistischen Einrichtungen unterstellt. Ebenso bedeutend war die Schaffung der Nationalsozialistischen Volkswohlfahrt, welche neben der Rolle der Staatsorganisation gleichzeitig die Rolle eines freien Trägers innehatte. Die NSV fungierte zudem als Propagandaorgan für rassenhygienische Ansichten und half durch Aktionen wie beispielsweise das Winterhilfswerk, Pflichten des Sozialstaates auf spendende Bürger*innen abzuwälzen.

Die rassistischen und rassenhygienischen Ansätze erhielten jedoch schon vor der Machtergreifung der Nationalsozialisten Einzug in den theoretischen Diskurs und verschärfte sich danach zunehmend. Die Übernahme der Frauenschule und die Neuausrichtung der Lehrpläne führte ebenfalls zu einer Implementierung der NS-Ideologie in die sozialen Berufe, spezifiziert in den Bereich der Fürsorgepflege.

Am stärksten spürbar scheinen die rassenhygienischen Ideale in dem Bereich der Behindertenpflege. So wurden von den NS-Regierung unter dem Deckmantel ein gesundes arisches Volk entstehen zu lassen, mehrere hunderttausende Zwangssterilisationen angeordnet. Außerdem ordneten sie Tötungen an, denen circa 250 000 Menschen mit Behinderung zum Opfer fielen.

Bereits im Kindergarten versuchten die Nationalsozialisten per gezielter Propaganda die Kindern auf ihre Zukunft, in welcher die NS- Ideologie gelebt wird, vorzubereiten, so wurden die männlichen Kindergartenkinder mit Mutproben und Aufgaben zur Leibesbetätigung auf ein Leben als Soldaten vorbereitet, die weiblichen Kindergartenkinder hingegen auf ihr zukünftiges Leben als Mutter im nationalsozialistischen Sinne. Verstärkt wurde die Ideologievermittlung durch die Abnahme von Gelöbnissen und propagandistischen Kinderbüchern.

In der Jugendarbeit zeichnete sich ein ähnliches Bild ab. Die ab 1936 verpflichtende Hitlerjugend arbeitete ebenfalls stark geschlechtsspezifisch und sollte die männlichen Jugendlichen auf den Krieg vorbereiten. Die weiblichen Jugendlichen, die in den in der HJ integrierten BdM gingen, sollten wiederum Fähigkeiten für ein Leben als liebende Mutter erlernen. Außerdem übernahm die Hitlerjugend auch Aufgaben im Bereich des Jugendschutzes.

Allerdings war es nicht allen Sozialarbeiter*innen möglich, weiterhin ihren Beruf auszuüben. So wurden etliche, vor allem jene, die jüdischen Wurzeln vorzuweisen hatten oder bekennend dem politisch linken Spektrum zugehörig waren, mit Verlust ihres Berufes, gegebenenfalls gar mit Verfolgung und Flucht konfrontiert.

Aus dem Bereich der Sozialen Arbeit gab es keinen organisierten und einheitlichen Widerstand gegen die NS-Regierung. Dennoch waren einige Sozialarbeiter*innen bereit, Widerstand zu leisten. Diese kamen aus allen politischen Lagern und deren Widerstand ging von Flugblattverteilung über Fluchthilfe bis hin zu dem Gewähren von Unterschlupfen an Bedürftige. Dennoch ist anzumerken, dass der Widerstand aus dem sozialen Sektor auf quantitativer Ebene sehr gering ausfiel.

Dies wirkt, gerade im Verständnis von Sozialer Arbeit als einer Menschenrechtsprofession, äußerst ernüchternd. Dennoch lässt sich daraus auch für die heutige Soziale Arbeit folgendes ableiten:

Erstens, die Verpflichtung weiterhin Soziallobbying und Politische Beratung durchzuführen, um eine klare Haltung der Sozialen Arbeit gegen rassistische und menschenverachtende Tendenzen auf politischer Ebene zu zeigen. Gleichzeitig lässt sich daraus auch die Verpflichtung ableiten, gegen ein Unrechtsregime einzustehen, sollten nochmal eines entstehen. Um ein solches zu verhindern, gilt es zweitens auch weiterhin, die Klient*innen politisch zu bilden und somit zu einer demokratischen Gesellschaft beitragen. Zu diesem Punkt zählt auch insbesondere die Auseinandersetzung mit rechten Gruppierungen und deren politischen Bildung. Drittens lässt sich für Sozialarbeiter*innen ableiten, in ihrem täglichen Handeln stets die Menschenrechte zu achten und nach diesen zu agieren.

Viertens lässt sich auch aus dem unstrukturierten Widerstand ein Plädoyer für mehr Netzwerkarbeit ableiten, so dass die Sozialarbeiter*innen untereinander besser verknüpft sind.

Für Studierende der Sozialen Arbeit lässt sich außerdem daraus schließen, dass es Dozierte stets zu hinterfragen und kritisch zu reflektieren gilt. Außerdem sollte das Gelehrte immer mit dem eigenen Werten und Moralverständnis verglichen werden, so dass rassistische und rassenhygienische Inhalte keinem Bestand mehr im theoretischen Diskurs der Sozialen Arbeit erhält.

7. Literaturverzeichnis

ADEN-GROSSMANN, Wilma 2011: Der Kindergarten: Geschichte-Entwicklung-Konzepte. Weinheim und Basel.

AWO BUNDESVERBAND E.V. 2020: AWO Historie. https://www.awo.org/ueber-uns/awo-historie/1933-1944, Zugriff am 18.07.2020.

AMTHOR, Ralph-Christian 2016: Einführung in die Berufsgeschichte der Sozialen Arbeit, Weinheim und Basel, 2. Überarbeitete Auflage.

BAMLER, Vera/SCHÖNBERG Ina/WUSTMANN, Cornelia 2010: Lehrbuch Elementarpädagogik. Theorien, Methoden und Arbeitsfelder. Weinheim und München.

BENDER-JUNKER, Birgit 2017: Bekennende Kirche und Innere Mission im Nationalsozialismus. Eine Darstellung von Grenzen und Möglichkeiten des solidarischen Widerstands im konfessionellen Raum. In: AMTHOR, Ralph-Christian (Hrsg.) 2017: Soziale Arbeit im Widerstand! Fragen, Erkenntnisse und Reflexion zum Nationalsozialismus. Weinheim und Basel, S. 175-193.

BIEBRICHER, Martin 2017: Progressive Jugendwohlfahrt als Motiv? Widerständiges Handeln im Umfeld des Jugendamtes Berlin-Prenzlauer Berg als Beispiel für sozialdemokratisch-sozialistischen Widerstand in und aus der Sozialen Arbeit. In: AMTHOR, Ralph-Christian (Hrsg.) 2017: Soziale Arbeit im Widerstand! Fragen, Erkenntnisse und Reflexion zum Nationalsozialismus. Weinheim und Basel, S, 98-118.

BRAß, Christoph 2004: Zwangsterilisation und „Euthanasie" im Saarland. 1933-1945. Paderborn.

GÖTZ, Norbert 2001: Ungleiche Geschwister. Die Konstruktion von nationalsozialistischer Volksgemeinschaft und schwedischen Volksheimen. Baden-Baden.

KINDER, Hermann/HILGEMANN, Werner /HERGET, Manfred 2017: dtv-Atlas Weltgeschichte. Band 2. Von der Französischen Revolution bis zur Gegenwart. München.

KOLLMEIER, Kathrin 2007: Ordnung und Ausgrenzung. Die Disziplinarpolitik der Hitlerjugend. Göttingen.

KONRAD, Franz-Michael 2004: Der Kindergarten. Seine Geschichte von den Anfängen bis in die Gegenwart. Freiburg im Breisgau.

KUHLMANN, Carola 2012: Soziale Arbeit im nationalsozialistischen Herrschaftssystem. In: THOLE, Werner (Hrsg.) 2012: Grundriss soziale Arbeit. Ein einführendes Handbuch. Wiesbaden, 4. Auflage.

KUHLMANN, Carola 2017: Soziale Arbeit im nationalsozialistischen Herrschaftssystem. Zur Notwendigkeit von Widerstand gegen menschenverachtende Zwangsmaßnahmen im Bereich der „Volkspflege". In: AMTHOR, Ralph-Christian (Hrsg.) 2017: Soziale Arbeit im Widerstand! Fragen, Erkenntnisse und Reflexion zum Nationalsozialismus. Weinheim und Basel, S. 40- 57.

LEHNERT, Esther 2010: Fürsorge im Nationalsozialismus – Die Beteiligung von Fürsorgerinnen an einem ausmerzenden System. In: ENGELFRIED, Constance/VOIGT-KEHLENBECK, Corinna (Hrsg.) 2010: Genderd Profession. Soziale Arbeit vor neuen Herausforderungen in der zweiten Moderne. Wiesbaden, S.77-90.

MAIERHOF, Gudrun 2017: Zwischen Selbsthilfe, Selbstbehauptung und Widerstand. Formen jüdischen Widerstehens am Beispiel von Käthe Rosenheim und Recha Freier. In: AMTHOR, Ralph-Christian (Hrsg.) 2017: Soziale Arbeit im Widerstand! Fragen, Erkenntnisse und Reflexion zum Nationalsozialismus. Weinheim und Basel, S. 137- 154.

STEINACKER Sven 2017: Zum Beispiel Henry Jacoby…. Linkssozialistisch und kommunistisch motivierter Widerstand von Sozialarbeiterinnen und Sozialarbeitern. In: AMTHOR, Ralph-Christian (Hrsg.) 2017: Soziale Arbeit im Widerstand! Fragen, Erkenntnisse und Reflexion zum Nationalsozialismus. Weinheim und Basel, S. 119-136.

TOPPE, Sabine 2017: Bürgerlich widerständige Soziale Arbeit im Nationalsozialismus. Institutionen, Personen und Netzwerke im Feld der bürgerlichen Frauenbewegung. In: AMTHOR, Ralph-Christian (Hrsg.) 2017: Soziale Arbeit im Widerstand! Fragen, Erkenntnisse und Reflexion zum Nationalsozialismus. Weinheim und Basel, S. 155-174.

WENDT, Wolf Rainer 2017: Geschichte der Sozialen Arbeit 2. Die Profession im Wandel ihrer Verhältnisse. Wiesbaden, 2., überarbeite und aktualisierte Auflage.

WENDT, Wolf Rainer 2020: Kurze Geschichte der Sozialen Arbeit. Wiesbaden.

WUNDERER, Hartmann 2012: Die Weimarer Republik. Stuttgart.

BEI GRIN MACHT SICH IHR WISSEN BEZAHLT

- Wir veröffentlichen Ihre Hausarbeit,
  Bachelor- und Masterarbeit

- Ihr eigenes eBook und Buch -
  weltweit in allen wichtigen Shops

- Verdienen Sie an jedem Verkauf

Jetzt bei www.GRIN.com hochladen
und kostenlos publizieren